BEI GRIN MACHT SICH IHR WISSEN BEZAHLT

- Wir veröffentlichen Ihre Hausarbeit,
  Bachelor- und Masterarbeit

- Ihr eigenes eBook und Buch -
  weltweit in allen wichtigen Shops

- Verdienen Sie an jedem Verkauf

Jetzt bei www.GRIN.com hochladen und kostenlos publizieren

Bibliografische Information der Deutschen Nationalbibliothek:

Die Deutsche Bibliothek verzeichnet diese Publikation in der Deutschen National-
bibliografie; detaillierte bibliografische Daten sind im Internet über http://dnb.d-
nb.de/ abrufbar.

Impressum:

Copyright © 2013 GRIN Verlag, Open Publishing GmbH
Druck und Bindung: Books on Demand GmbH, Norderstedt Germany
ISBN: 978-3-668-17507-5

Dieses Buch bei GRIN:

http://www.grin.com/de/e-book/318183/betriebswirtschaftliche-standardsoftware-
web-services-fuer-enterprise

Patrick Pagels

Betriebswirtschaftliche Standardsoftware. Web-Services für Enterprise Application Integration (EAI)

GRIN Verlag

GRIN - Your knowledge has value

Der GRIN Verlag publiziert seit 1998 wissenschaftliche Arbeiten von Studenten, Hochschullehrern und anderen Akademikern als eBook und gedrucktes Buch. Die Verlagswebsite www.grin.com ist die ideale Plattform zur Veröffentlichung von Hausarbeiten, Abschlussarbeiten, wissenschaftlichen Aufsätzen, Dissertationen und Fachbüchern.

Besuchen Sie uns im Internet:

http://www.grin.com/

http://www.facebook.com/grincom

http://www.twitter.com/grin_com

AKAD Hochschule Pinneberg

Wirtschaftsinformatik

Assignment

Thema:

„Web-Services für EAI"

Zum Seminar „ANS09 – Betriebswirtschaftliche Standardsoftware und Enterprise Application Integration (EAI)" am 15.12.2012 in Pinneberg im Studiengang Bachelor of Science

Von:

Patrick Pagels

INHALTSVERZEICHNIS

1 Einleitung

Um als Unternehmen konkurrenzfähig zu bleiben, wird es immer wichtiger möglichst schnell auf Änderungen zu reagieren. Hierfür ist eine Vernetzung der bestehenden IT-Systeme unumgänglich. Als eine Integrationsvariante hat sich das Konzept der Enterprise Application Integration (EAI) durchgesetzt. Hiermit lassen sich komplette Geschäftsprozesse eines Unternehmens über diverse Anwendungssysteme integrieren. In diesem Zusammenhang werden immer häufiger auch Web Services als konkrete Umsetzung der EAI ein Thema, da sie als besonders flexibel und kostengünstig gelten. Das vorliegende Assignment widmet sich dem Thema Web Services für EAI und deren Eignung.

1.1 Aufgabenstellung

Die Aufgabenstellung lautet: „Beschreiben Sie die grundsätzliche Eignung und Defizite der klassischen Web Services für EAI anhand eines konkreten Beispiels und die Erweiterung des Web Service Technology Stacks und gehen Sie kurz auf den Begriff SOA ein."

1.2 Zielsetzung

Im Folgenden sollen die Möglichkeiten und Grenzen von Web Services für EAI beschrieben werden. Dazu erfolgt im Vorfeld zunächst ein Überblick über EAI, Web Services und SOA. Ziel ist es, den Leser in die Lage zu versetzen selbst einschätzen zu können, ob sich Web Services für einen bestimmten Einsatz anbieten, oder eher davon abzuraten ist. Das konkrete Beispiel im Assignment soll als praxisnaher Fall ebenfalls zum Grundverständnis beitragen.

1.3 Aufbau der Arbeit

Zu Beginn des Assignments werden die Grundlagen näher gebracht und die wichtigsten Begriffe und Technologien wie der Web Service Technology Stack erläutert. Mit diesem Verständnis wird dann im Hauptteil ein konkretes Beispiel aufgebaut, das die Eignung von Web Services für eine EAI-Umsetzung überprüft. Der Schlussteil gibt einen kurzen Ausblick in die Zukunft von Web Services.

2 EAI

Bei der *Enterprise Application Integration* handelt es sich um ein Konzept zur Verbindung verschiedener Anwendungssysteme, um Daten und Funktionen gemeinsam verwenden zu können. Dadurch soll unter anderem ein höherer Automatisierungsgrad, weniger Datenredundanzen und die Eliminierung von Medien- und Prozessbrüchen erreicht werden. Das Problem ohne eine integrierte Umgebung macht Abbildung 1 deutlich:

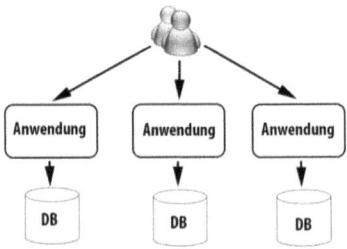

Abbildung 1 - Anwendungslandschaft ohne EAI

Die Anwendungen sind häufig nicht für die Zusammenarbeit mit anderen Systemen ausgelegt, evtl. vorhandene Schnittstellen sind in der Regel nicht standardisiert. Die Anwender müssen so mit verschiedenen Systemen arbeiten, selbst wenn es sich möglicherweise um ein und denselben Geschäftsprozess handelt. Im schlimmsten Fall müssen Eingaben sogar mehrfach vorgenommen werden, da die Daten in verschiedenen Systemen benötigt werden.[1] Der Einsatz von EAI bringt folgende Änderung:

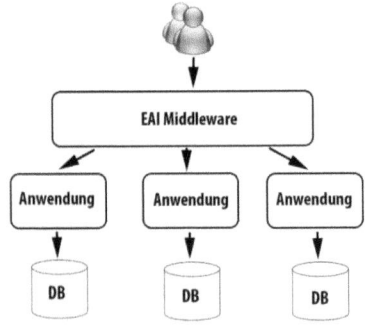

Abbildung 2 - Anwendungslandschaft mit einer Middleware

---

[1] Vgl. Conrad S., Hasselbring W., Koschel A., Tritsch R., Enterprise Application Integration, 1. Auflage (2006), S.3-S.6

4

In dieser Abbildung wird zwischen Anwender und Anwendungslandschaft eine Middleware geschaltet. Eine Middleware ist eine konkrete Umsetzung einer EAI. Es ist nicht mehr der Anwender selbst, sondern die Middleware die über standardisierte Schnittstellen auf die einzelnen Anwendungssysteme bei Bedarf zugreift. Dadurch ist es möglich die Anwendungslandschaft für den Anwender näher an den Geschäftsprozessen auszurichten. Auch die ggf. doppelte Eingabe von Daten entfällt, da die Middleware die Daten in den erforderlichen Datenbanken abspeichert.[2]

Größte Herausforderung bei der Umsetzung ist die Schaffung der Schnittstellen, denn im unglücklichsten Fall müssten alle Anwendungssysteme untereinander über Schnittstellen verbunden werden. Ziel einer EAI-Lösung ist es daher, die Anzahl der Schnittstellen minimal sowie möglichst allgemein (standardisiert) zu halten. Möglichkeiten zur Realisierung einer Middleware sind z.b. CORBA, OLE/COM, J2EE und Web Services. Das Assignment befasst sich jedoch nur mit den Web Services.

3 Web Services

3.1 Definition

Eine verbindliche Definition für den Begriff Web Service ist nicht vorhanden, da er oftmals situationsabhängig interpretiert wird. Einen wichtigen Aspekt hat jedoch der Großteil der Definitionen gemeinsam: Sie beschreiben den Web Service als einen Dienst zur Kommunikation zwischen zwei Maschinen. Der Web Service nutzt dazu offene Protokolle und ein standardisiertes Format (XML).

3.2 Merkmale

Web Services weisen eine Reihe von Merkmalen auf [3]:

- **Lose Kopplung**

  Web Services sind unabhängig von einer Plattform oder Anwendungs-software. Details der Implementierung bleiben dem Anwender verborgen.

- **Kapselung**

  Web Services erfüllen immer eine genau definierte Aufgabe. Jeder Web Service ist als in sich geschlossene (gekapselte) Anwendung zu sehen.

- **Programmierbar**

---

[2] Vgl. Stahlknecht P., Hasenkamp U., Einführung in die Wirtschaftsinformatik, 11. Auflage (2005), S.328
[3] Vgl. Papazoglou M. P., Web Services: Principles and Technology, 1. Auflage (2008), S. 10-S.13

5

Web Services sind immer über programmierbare Schnittstellen erreichbar. Dadurch können sie in andere Anwendungen eingebunden werden.

- **Ortsunabhängig**

    Web Services sind ortsunabhängig. Sie können jederzeit von jedem Ort aus verwendet werden, insofern die Nutzungsrechte vorhanden sind.

- **Protokollunabhängig**

    Web Services unterstützen mehrere Protokolle wie z.b. HTTP oder SMTP.

3.3 Basiskomponenten

3.3.1 SOAP

SOAP steht für *Simple Object Access Protocol* und ist ein Nachrichtenprotokoll, das die Kommunikation zwischen Web Services auf Basis des XML-Formats beschreibt und ermöglicht. SOAP stellt Konventionen zur Verfügung, die den Nachrichtenaustausch standardisieren. Dies ermöglicht eine plattform- und systemunabhängige Kommunikation. Eine SOAP-Nachricht ist ähnlich wie ein Brief aufgebaut. Sie besteht aus einem Briefumschlag (Envelope), der in jedem Fall die Nachricht (Body) sowie ggf. einen Nachrichtenkopf (Header) enthält[4].

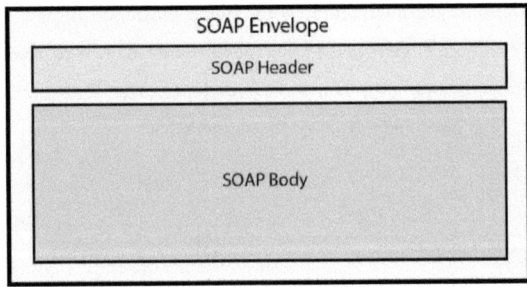

Abbildung 3 - Aufbau einer SOAP-Nachricht

Der Header enthält Metainformationen z.B. über eine vorhandene Verschlüsselung. Im Body befindet sich die eigentliche Nachricht, die übermittelt werden soll. Abbildung 4 zeigt eine Beispielhafte SOAP-Nachricht, die die einzelnen SOAP-Knoten enthält, jedoch keinen Nachrichten- und Headerinhalt besitzt:

---

[4] Vgl. Snell J., Tidwell D., Kulchenko P., Webservice Programmierung mit SOAP, 1. Auflage (2002), S.15-S.16

6

```
<soap:Envelope xmlns:soap="http://www.w3.org/2003/05/soap-envelope">
    <soap:Header>
        <!-- Hier werden die Header Informationen angegeben -->
    </soap:Header>
    <soap:Body>
        <!-- hier wird der Nachrichteninhalt angegeben -->
    </soap:Body>
</soap:Envelope>
```

Abbildung 4 - Beispielhafte XML-Struktur einer SOAP-Nachricht

3.3.2 UDDI

Die Abkürzung UDDI steht für *Universal Description, Discovery and Integration*. Es handelt sich um einen Auskunfts- und Verzeichnisdienst für Web Services, der selbst als Web Service realisiert wird. Mittels UDDI ist es möglich, Web Services anhand von zuvor definierten Metadaten (WSDL) aufzufinden.[5]

3.3.3 WSDL

Die *Web Service Description Language* ist eine Metasprache, mit der Web Services aus zwei Blickwinkeln XML-basiert beschrieben werden. Sie werden hinsichtlich der Funktionalität abstrakt und bezüglich technischer Details wie z.b. Ort und Art des Web Services konkret beschrieben. WSDL wird vom W3C (World Wide Web Consortium) standardisiert.[6]

3.3.4 Die Beziehung zwischen den Komponenten

Bei den Web Services lassen sich drei Rollen definieren:

- **Dienstanfrager/-nutzer (Dienstkonsument)**

    Der Dienstnutzer konsumiert angebotene Web Services.

- **Dienstanbieter**

    Der Dienstanbieter stellt Web Services via UDDI für andere zur Verfügung. Er muss dabei auch für die Sicherheit der angebotenen Dienste zu sorgen.

- **Dienstverzeichnis**

    Das Dienstverzeichnis speichert aus fachlicher Sicht die Web Services. Hier registriert der Anbieter seine Dienste, die er anbieten möchte.

---

[5] Vgl. Melzer I. et al., Service-orientierte Architekturen mit Web Services, 4. Auflage (2010), S.63
[6] Vgl. www.w3c.org/TR/wsdl, abgerufen am 23.12.2012

7

Die folgende Grafik zeigt die Beziehungen zwischen den Rollen und den Basis-komponenten des Web Services:

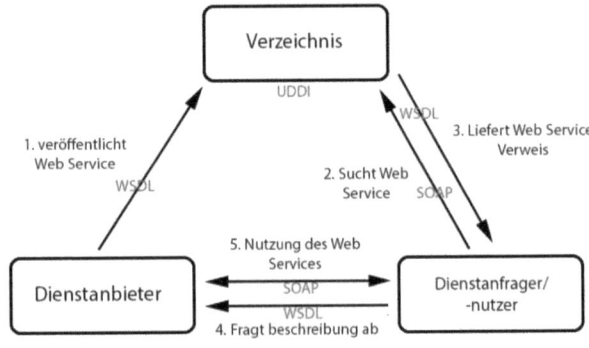

3.4 Web Service Technology Stack

Mit dem *Web Service Technology Stack* werden Technologien und Spezifikationen für Web Services in einem Schichtenmodell dargestellt. Wie schon bei der Definition eines Web Services, gibt es auch hier keine einheitliche Definition, sondern je nach Betrach-tungsweise unterschiedliche Stacks. Die folgende Grafik zeigt einen für dieses As-signment gut geeigneten Stack:

Choreographie	Orchestrierung	Geschäftsprozesse	Erweiterter Web Service Technology Stack
WS-Security	Transaktionskontrolle	Quality of Service	
UDDI		Ermittlung	Basis-komponenten
WSDL		Beschreibung	
SOAP, XML		Nachrichten	
HTTP, SMTP, FTP, etc.		Transport	

Abbildung 6 - Typischer Web Service Technology Stack

Typisch für einen Stapel (Stack) ist auch hier, dass von unten nach oben gestapelt (und dementsprechend auch gelesen) wird. Die untersten Schichten bilden die bereits vorge-

---

[7] Vgl. Melzer I. et al., Service-orientierte Architekturen mit Web Services, 4. Auflage (2010), S.64

stellten Basiskomponenten. Diese reichen allerdings nicht aus um alle Anforderungen zu erfüllen. Dazu ist eine Erweiterung des Web Service Technology Stacks um weitere Schichten notwendig:

- **Orchestrierung**

  Web Services in ihrer ursprünglichen Art waren nicht für Geschäftsprozesse entwickelt worden. Ihre Aufgabe war die Maschine-Maschine Kommunikation. Zur Abbildung und Steuerung von Prozessen in einer EAI ist es jedoch erforderlich, die modularen Web Services koordiniert in einer bestimmten Reihenfolge auszuführen, um so die Geschäftslogik abzubilden. Diese Sicht von oben auf einen Prozess nennt sich Orchestrierung. Für diesen Zweck wurde BPEL4WS (Business Process Execution Language for Web Services) oder kurz BPEL entwickelt. Es handelt sich hierbei um eine Programmiersprache, die die Web Services um die Möglichkeit der Web Service zu Web Service Kommunikation erweitert, um so auch komplette Geschäftsprozesse mit ihnen zu modellieren. [8]

- **Choreographie**

  Neben der Abbildung von Geschäftsprozessen mittels Web Services ist es häufig erforderlich für eine Kommunikation unter verschiedenen Geschäftsprozessen zu sorgen. Eine Choreographie bezeichnet in diesem Fall die Kooperation bzw. Kommunikation von mehreren Geschäftsprozessen. Dazu wurde das WSCI (Web Service Choreography Interface) entwickelt, eine XML-basierte Beschreibungssprache die den Nachrichtenaustausch zwischen Web Services verschiedener Geschäftsprozesse beschreibt. [9]

- **Sicherheit**

  Ein besonders wichtiges Thema bei der Datenübertragung mit Web Services ist die Gewährleistung der Sicherheit, Integrität und Vertraulichkeit der übertragenen Nachrichten. Web Services bieten von Haus aus keinen Zugriffsschutz. Ohne großen Aufwand lassen sich diese auslesen und es könnten wichtige Geschäftsdaten in falsche Hände geraten. Um Web Services sicherer zu machen, wurde WS-Security als Standard entwickelt. Diese Technologie erweitert SOAP

---

[8] Vgl. Melzer I. et al., Service-orientierte Architekturen mit Web Services, 4. Auflage (2010), S.239-S.248

[9] Vgl. http://www.w3.org/TR/wsci/, abgerufen am 25.12.2012

um bereits bestehende technologische Standards für die Sicherheit wie HTTPS oder die Möglichkeit der Nutzung von XML-Signaturen und –Verschlüsselung. Die Sicherheitsmaßnahmen beschränken sich weitestgehend auf die Sicherheit der Nachrichtenebene. WS-Security ist dabei keine Alternative zu den bestehenden Standards (HTTPS etc.), sondern baut auf ihnen auf.[10] Spezielle Erweiterungen von WS-Security sind z.b.:

   o *WS-Policy*

   o *WS-Trust*

   o *WS-SecureConversation*

   o *WS-Privacy*

* **Transaktionskontrolle**

  Bei der Nutzung eines Web Services ist es durchaus möglich, dass es zu Fehlern während der Kommunikation kommt. In dieser Situation ist es wichtig, bestimmte bereits ausgeführte Aktionen wieder zurückzurollen. Dazu muss zuvor definiert werden, welche Aktionen zu einer Transaktion zusammengefasst werden und welchen Zustand der Web Service zu bestimmten Zeitpunkten hat. Diese Eigenschaften besitzt ein rudimentärer Web Service nicht und bekommt sie erst durch die Transaktionskontrolle.[11]

4 SOA

SOA steht für *Service Oriented Architecture*, ein auf Services basierendes Architekturmuster, das an den Geschäftsprozessen eines Unternehmens orientiert ist. SOA setzt sich dabei zum Ziel, verschiedene Anwendungen und Methoden als wiederverwendbare Dienste (Services) zu repräsentieren, plattform- und auch sprachenunabhängig. Mit diesen Diensten ist es möglich, sehr flexible Geschäftsprozesse zu erzeugen. Jeder Service ist dabei vollständig lose gekoppelt und austauschbar.

Grundlegende Merkmale einer SOA sind:

* **Lose Kopplung**

* **Dynamisches Binden**

---

[10] Vgl. Melzer I. et al., Service-orientierte Architekturen mit Web Services, 4. Auflage (2010), S.226-S.231
[11] Vgl. Melzer I. et al., Service-orientierte Architekturen mit Web Services, 4. Auflage (2010), S.243-S.244

- **Verwendung von Standards**
- **Einfachheit**

Hier wird erkenntlich, dass Web Services alle Anforderungen an das SOA-Konzept erfüllen. Daher werden sie auch häufig zur Umsetzung einer service-orientierten Architektur verwendet.[12]

5 Eignung und Defizite von Web Services für den EAI-Einsatz

Insbesondere die hohe Flexibilität der Web Services bietet einen großen Vorteil für den Einsatz. So ist es verhältnismäßig einfach Anpassungen an den Schnittstellen vorzunehmen. Auch die Unabhängigkeit von Programmiersprachen oder Plattformen bieten einen großen Vorteil.

Nachteilig ist, dass viele Anforderungen erst durch die Erweiterung des Web Service Technology Stacks zugänglich werden. Somit ist es relativ aufwändig alle erforderlichen Aspekte an einen Web Service umzusetzen (es gibt nicht *den* passenden Web Service der bereits sicher, geeignet für Geschäftsprozesse usw. ist).

5.1 Beispiel der Firma ABC AG

Bei der ABC AG handelt es sich um ein mittelständiges Versicherungsunternehmen, welches den Schwerpunkt auf das Privatkundensegment gesetzt hat. Das Unternehmen möchte seine Dienstleistungen in Zukunft auch online anbieten. Ihnen ist wichtig, die bereits bestehende IT-Infrastruktur dafür so wenig wie möglich umzustellen, da ein nicht geringer Anteil an Individualsoftwareeingesetzt wird. Dadurch fiel die Entscheidung für eine EAI-Lösung. Auf Grund der nur beschränkten Länge des Assignments wird hier nicht auf die konkrete EAI-Lösung eingegangen, sondern lediglich auf den Web Service-Bestandteil der Umsetzung.

5.1.1 Datenaustausch auf der Online-Plattform

Die Online-Plattform soll mittels EAI direkt mit den bestehenden Systemen verbunden werden, sodass z.B. die eingegeben Kundendaten direkt in das CRM-System geschrieben werden. Außerdem soll mittels Web Services z.B. die Gültigkeit der Adresse, Kontoangaben etc. überprüft werden.

---

[12] Vgl. Melzer I. et al., Service-orientierte Architekturen mit Web Services, 4. Auflage (2010), S.10-S.13

- **Anbindung der Alt-Systeme**

  Mittels Web Services kann die vorhandene Architektur weiter verwendet werden. Zu beachten ist jedoch, dass Web Services durchaus objektorientiert funktionieren. Da besonders alte Systeme in der Regel nicht objektorientiert entwickelt wurden, kann die Implementierung der Schnittstellen durchaus mit hohem Aufwand und Komplikationen verbunden sein.

- **Flexibilität und Unabhängigkeit**

  Die verwendeten Anwendungen der ABC AG wurden in unterschiedlichen Programmiersprachen geschrieben und werden teilweise sogar auf Linux-Systemen betrieben. Hier ist der Einsatz von Web Services auf Grund der Sprachen- und Plattformunabhängigkeit ein absoluter Vorteil. Außerdem lassen sich Web Services vergleichsweise einfach an neue Anforderungen anpassen. Da Standards verwendet werden, ist kein spezielles Expertenwissen für die Umsetzung von Änderungen erforderlich.

- **Sicherheit**

  Dank WS-Security bieten auch Web Services eine gewisse Sicherheit. Diese muss jedoch vom Entwickler vollständig konzipiert und umgesetzt werden. Insbesondere bei der Übertragung von sensiblen Kundendaten auf der Online-Plattform muss behutsam mit dem Einsatz von Web Services umgegangen werden. Es sollte keinesfalls möglich sein, die Kundendaten unautorisiert auslesen zu können.

- **Abbildung von Geschäftsprozessen (Orchestrierung)**

  Nach Übertragung der Kundendaten von der Online-Plattform soll intern ein Prozess angestoßen werden, der die Daten prüft und bei erfolgreicher Prüfung dem Kunden seine Versicherungspolice zuschickt. Ebenfalls soll während der Prüfung versucht werden, in direkten Kontakt mit dem Kunden zu treten, um weitere Versicherungsleistungen zu verkaufen. Hierzu ist es erforderlich über ein Portal (EAI) zu jedem Kunden einen Status einsehen zu können, um den Prozess weiterzusteuern. Für die einzelnen Prozessschritte (Module) werden Web Services eingesetzt, die dann mit den verschiedenen Anwendungen des Unternehmens kommunizieren und Daten übertragen. Durch die Nutzung des Web Service Technology Stacks können mit den Web Services auch die Geschäftsprozesse abgebildet werden. Zu beachten ist jedoch, dass jeder Web Service weiterhin modular „für sich selbst" arbeitet und die Koordination zwischen den Web Services ausgiebig getestet werden muss, damit der Geschäftsprozess auch vollständig und korrekt abgebildet wird.

- **Transaktionskontrolle**

  Web Services bieten eine Möglichkeit zur Transaktionskontrolle. Nachteilig ist jedoch, dass bei der Nutzung von Web Services nicht auf die Transaktionskontrolle der angebundenen Datenbanken zurückgegriffen werden kann. Es muss ein eigenes Transaktionskonzept für die Web Services entwickelt und umgesetzt werden.

5.1.2 Datenaustausch zwischen der ABC AG und einem Payment-Provider

Die ABC AG lässt den Bezahlvorgang von einem externen Dienstleister durchführen. Mittels Web Services soll auch dieser an die internen Prozesse angebunden werden, um einen möglichst schnellen und sicheren Kommunikationsweg zu schaffen.

- **Sicherheit**

  Insbesondere hier ist die Sicherheit ein wichtiges Thema. Es sollte ein besonders zuverlässiges Sicherheitssystem geschaffen werden, sodass es in keinem Fall Möglich ist, die Bankdaten der Kunden auszulesen.

- **Anbindung der externen Systeme**

  Zur schnellen Kommunikation sollen die Web Services direkt mit den Systemen des Payment-Providers kommunizieren können. Hierzu eignen sich Web Services auf Grund der losen Kopplung besonders gut. Die Architektur sollte jedoch so stabil sein, dass sie auch dann noch mit den externen Systemen zusammenarbeiten kann, wenn sich auf den Systemen etwas ändert (Betriebssystem- oder Hardwarewechsel, Änderung des Funktionsumfangs etc.).

- **Asynchrone Kommunikation**

  Die ABC AG hat keinen direkten Einfluss auf die Systeme des Payment-Providers. Daher ist es wünschenswert, dass die Kommunikation asynchron stattfindet. So wird nicht das Gesamtsystem blockiert, wenn einmal keine Verbindung zu den externen Systemen hergestellt werden kann. Wichtig ist in diesem Zusammenhang die Transaktionskontrolle, mit der Sichergestellt werden soll, dass keine doppelten Abbuchungen o.ä. beim Kunden vorgenommen werden, wenn das System einmal ausfällt.

6   Zusammenfassung

EAI wird ein immer wichtigeres Thema in Unternehmen. Dabei sind eine Ausrichtung der IT-Struktur an den Geschäftsprozessen und auch der Begriff SOA immer wichtiger. Durch diese Themen bekommen auch die Web Services eine immer größere Popularität, da sie sich hervorragend zur Umsetzung von EAI bzw. einer SOA eignen. Nicht zu vernachlässigen sind die vorhandenen Probleme der Web Services, denen jedoch mit dem erweiterten Web Service Technology Stack verringert werden. Durch diese Erweiterungen entsteht jedoch auch eine komplexere Implementierung.

Auf Grund der vielen Möglichkeiten und dem universellen Einsatz von Web Services sehe ich sie als ganz klar geeignet für den EAI-Einsatz. Das letzte Beispiel hat dies auch noch einmal deutlich gemacht. Den möglichen wenigen Nachteilen stehen eine Reihe von Vorteilen gegenüber. So lässt sich mittels Web Service auf relativ einfache Art und Weise auch eine Verbindung zwischen verschiedenen Unternehmen, Prozessen und Systemen herstellen. Insbesondere die Vernetzung von Unternehmen gewinnt in der heutigen Zeit immer mehr an Bedeutung (Stichwort Supplier Chain Management).

Da immer häufiger neue Programmiersprachen bzw. Abwandlungen auf den Markt kommen, wird der Web Service auch in Zukunft für die Implementierung von Schnittstellen eingesetzt werden. Viele Programmiersprachen (z.B. C#) setzen bei den Oberflächen auf eine XML-Architektur, was den Web Services entgegenkommt.

In Zukunft werden Web Services dabei möglicherweise nicht mehr in SOAP sondern in REST (Representation State Transfer) geschrieben. Diese Architektur ermöglicht es, Web Services einfacher und schneller zu implementieren.[13]

---

[13] Vgl. Richardson L., Ruby S., Web Services mit REST, 1. Auflage (2007), S. 55

Abbildungsverzeichnis

Literaturverzeichnis

Conrad S., Hasselbring W., Koschel A., Tritsch R.
Enterprise Application Integration, 1. Auflage, Heidelberg 2006

Melzer I.
Service-orientierte Architekturen mit Web Services, 4. Auflage, Heidelberg 2010

Richardson L., Ruby S.
Web Services mit REST, 1. Auflage, Köln 2007

Papazoglou M. P.
Web Services: Principles and Technology, 1. Auflage, Essex (UK) 2008

Snell J., Tidwell D., Kulchenko P.
Webservice Programmierung mit SOAP, 1. Auflage, Köln 2002

Stahlknecht P., Hasenkamp U.
Einführung in die Wirtschaftsinformatik, 11. Auflage, Berlin 2005

Internet-Quellen
W3C, World Wide Web Consortium
http://www.w3.org/TR/wsci/, abgerufen am 25.12.2012
www.w3c.org/TR/wsdl, abgerufen am 23.12.2012